BEI GRIN MACHT SICH IHR WISSEN BEZAHLT

- Wir veröffentlichen Ihre Hausarbeit,
  Bachelor- und Masterarbeit

- Ihr eigenes eBook und Buch -
  weltweit in allen wichtigen Shops

- Verdienen Sie an jedem Verkauf

Jetzt bei www.GRIN.com hochladen und kostenlos publizieren

Störungen im Kindes- und Jugendalter

Verschiedene Entwicklungsstörungen als Grundlage zur praktischen Betrachtung von Ursachen, Folgen und Prävention von Essstörungen

Naomi Binder

GRIN ☺

Bibliografische Information der Deutschen Nationalbibliothek:

Die Deutsche Nationalbibliothek verzeichnet diese Publikation in der Deutschen Nationalbibliografie; detaillierte bibliografische Daten sind im Internet über http://dnb.d-nb.de abrufbar.

ISBN: 9783346345363
Dieses Buch ist auch als E-Book erhältlich.

Das Buch bei GRIN: https://www.grin.com/document/987880

Fallstudie

Entwicklungspsychologie

Alternative C

Störungen im Kindes- und Jugendalter – Theoretische Aufarbeitung verschiedener Entwicklungsstörungen als Grundlage zur praktischen Betrachtung der aktuellen Problematik Essstörungen unter Einbezug von Ursachen, Folgen und Prävention.

SRH Fernhochschule – The Mobile University

Modulverantwortlicher Hochschullehrer: Daniel Klein

Modul: Entwicklungspsychologie

Von

Naomi Binder

Inhaltsverzeichnis

Abkürzungsverzeichnis

Abb.	Abbildung
Aufl.	Auflage
bspw.	beispielsweise
BZgA	Bundeszentrale für gesundheitliche Aufklärung
bzw.	beziehungsweise
etc.	et cetera
S.	Seite
Tab.	Tabelle
u.a.	unter anderem
usw.	und so weiter
uvm.	und viele mehr
vgl.	vergleiche
z.B.	zum Beispiel

1. Einleitung

1.1 Problemstellung und Zielsetzung

In einem Quartal im Jahr 2017 konnten anhand der vertragsärztlichen Abrechnungsdaten 62.380 Diagnosen von Essstörungen bei Kindern- und Jugendlichen bis zu einem Alter von einschließlich 17 Jahren festgestellt werden. Wodurch diese aktuell zu den häufigsten Störungen im Kinder- und Jugendalter gelten. (vgl. Bätzing, Holstiege, Manas & Steffen, 2018, S. 28)

Auch wenn durch stetige Fortschritte in der Behandlung und Diagnostik und durch frühes Erkennen einer Essstörung, die Therapie oftmals erfolgreich sein kann, so ist sie doch eine lebensbedrohliche und oft folgenschwere Erkrankung.

Als wissenschaftliche Beraterin für das Arbeitsfeld „Störungen im Kindes- und Jugendalter" beauftragt mich, aufgrund der eben genannten Entwicklungen, das Bundesministerium für Gesundheit ein Konzept zu entwerfen, welches die Problematik Essstörungen im Kindes- und Jugendalter genauer beleuchten soll.

1.2 Aufbau der Arbeit

Im Rahmen des theoretischen Teils dieser Arbeit sollen verschiedene Störungsbilder aufgeführt werden, welche in den verschiedenen Entwicklungsstufen von Säuglings- und Kleinkindalter, über die gesamte Kindheit bis hin ins Jugendalter auftreten können.

Diese Störungen werden jeweils hinsichtlich ihrer Merkmale, Entstehung, sowie Therapiemöglichkeiten erläutert. Im Anschluss werden die Störungsbilder von Kindern und Jugendlichen mit den im Erwachsenenalter auftretenden Störungen verglichen und hinsichtlich der Unterschiede und Parallelen betrachtet.

Die theoretischen Grundlagen werden schließlich zum Ziel dieser Arbeit führen: Einem fundierten Konzept mit Lösungsmöglichkeiten und Ratschlägen für das aktuelle Problemfeld der Essstörungen im Bereich der Entwicklungspsychologie.

Eine kritische Auseinandersetzung mit dem Konzept erfolgt dann im Diskussionsteil der Arbeit, bevor diese mit einem kurzen Fazit abschließt.

2. Störungsbilder im Kindes- und Jugendalter

Die Bandbreite psychischer Erkrankungen bei Kindern und Jugendlichen erfordert eine Einteilung der möglichen Störungsbilder. Laut der internationalen Klassifikation psychischer Störungen (ICD-10, Version 2020) werden diese in die Kategorien Entwicklungsstörungen und Verhaltens- und emotionale Störungen unterteilt. (vgl. Pro Psychotherapie e.V., 2020)

Dabei liegt der Beginn der Entwicklungsstörungen im Säuglings- und Kleinkindalter oder in der Kindheit. Sie beeinflussen Funktionen, wie die Motorik, visuell räumliche Fähigkeiten oder die sprachlichen Fertigkeiten. (vgl. Bundesinstitut für Arzneimittel und Medizinprodukte [BfArM], 2020, F80-F89)

Die Verhaltens- und emotionalen Störungen werden dagegen beschrieben als Störungen, welche meist in der Kindheit und Jugend ihren Beginn finden und die verstärkt die soziale Entwicklung beeinflussen und nicht die Fertigkeiten, welche durch Entwicklung des Nervensystems zustande kommen, so wie die genannten Entwicklungsstörungen. (vgl. BfArM, 2020, F90-F98)

Diese Arbeit soll nun zum besseren Verständnis die einzelnen Störungsbilder genauer erläutern, wobei diese in den folgenden Unterkapiteln entsprechend der jeweiligen Entwicklungsstufen sortiert sind, in welchen sie in der Regel entstehen und am häufigsten auftreten.

Eine solche Sortierung soll jedoch nicht ausschließen, dass die Störungen nicht auch zu anderen Zeitpunkten auftreten oder darüber hinaus andauern können.

2.1 Störungen im Säuglings- und Kleinkindalter

2.1.1 Regulationsstörungen

Eine Regulationsstörung liegt vor, wenn der Säugling oder das Kleinkind das eigene Verhalten nicht selbstständig regulieren kann (vgl. Heinrichs & Lohaus, 2011, S. 84). Dabei handelst es sich am häufigsten um die Entwicklungsbereiche Schreien, Schlafen und Füttern.

Dabei können drei Entwicklungsbereiche betroffen sein. Es handelt sich dabei um exzessives Weinen, Ein- und Durchschlafstörungen oder

Fütterungsprobleme. Die Ein- und Durchschlafstörungen gelten als die häufigste Regulationsstörung im Kleinkindalter. (vgl. Barth, Belzer, Buchholz, Kleiner & Mall, 2015, S. 316–317)

Neben den drei genannten Entwicklungsbereichen kann sich eine Regulationsstörung aber auch bei der Verarbeitung von Reizen und der darauffolgenden Regulation von Emotionen, Motorik und Verhalten zeigen. Die Reize rufen bei dem Kind dann eine überempfindlich-überschießende, unterempfindlich-unterreagierende oder stimulationssuchend-impulsive Reaktion hervor. (vgl. Rank, 2020, S. 60)

Als Entstehungsmöglichkeiten für frühkindliche Regulationsstörungen gelten nicht nur anlagebedingte Defizite, sondern auch die besonders prägenden Erfahrungen in der Beziehung und Interaktion mit den Bezugspersonen. Wird von diesen die Kommunikation des Kindes fehlinterpretiert oder grundlegende Bedürfnisse werden nicht oder zu spät erkannt, so wird das Kind die Bezugspersonen nicht als verlässlich wahrnehmen. (vgl. Rank, 2020, S. 61)

Eine Behandlung der Störungsbilder ist nach eingehender Diagnostik und nach Ausschluss von physischen bzw. organischen Ursachen (z.B. Schmerzen, Verdauungsprobleme) nötig. (vgl. Thiel-Bonney, 2009, S. 582).

Die Maßnahmen sollten sowohl Psychoedukation und Beratung der Eltern, Therapieformen (wie Ergotherapie oder Eltern-Kind-Psychotherapie) als auch individuelle Frühförderung entsprechend dem Entwicklungsstand des Kindes und der Symptomatik der Störung umfassen. (vgl. Rank, 2020, S. 62–63)

In vielen Fällen können sich Regulationsstörungen aber auch von selbst lösen, wenn entsprechende Entwicklungsprozesse des Kindes eintreten. (vgl. Knoke, 2017, S. 74). Die Bereiche sollten dennoch von Bezugspersonen und Kinderärzten ernst genommen werden, um eventuelle Störungen rechtzeitig zu erkennen, da sie zu langfristigen Problemen des Entwicklungsverlaufs oder zu Beeinträchtigungen innerhalb des Familiensystems führen können. (vgl. Wurmser, 2009, S. 577)

2.1.2 Bindungsstörungen

Eine Bindungsstörung liegt vor, wenn keine sichere Beziehung zu anderen Menschen aufgebaut werden kann. Sowohl Kontaktaufnahmen als auch Interaktionen des Kindes sind problematisch und auffällig. (vgl. Knoke, 2017, S. 75)

Man unterscheidet im Allgemeinen zwischen der reaktiven Bindungsstörung des Kindesalters und der Bindungsstörung des Kindesalters mit Enthemmung. (vgl. BfArM, 2020, F94) Diese Unterscheidung wird auch im Rahmen dieser Arbeit vorgenommen, jedoch soll erwähnt werden, dass zur Erweiterung der Diagnostikmöglichkeiten das Konzept durch Karl Heinz Brisch erweitert wurde. (vgl. Brisch, 2002, S. 144)

Die reaktive Bindungsstörung ist dabei gekennzeichnet von widersprüchlichen Handlungen bestehend aus Annäherung, Vermeidung und Widerstand. Dieses Verhalten und ihre Gefühle können sich die Betroffenen dabei meist selbst nicht erklären. Einhergehend kann man oftmals Rückzug, Auto- und Fremdaggression oder eingeschränkte Ansprechbarkeit beobachten. (vgl. Sendera & Sendera, 2011b, S. 143–144)

Im Vergleich dazu ist die Bindungsstörung des Kindesalters mit Enthemmung erst später beobachtbar, nämlich erst ab dem Schulalter und nicht bereits vor dem 5. Lebensjahr (vgl. Knoke, 2017, S. 76). Dieses zeigt sich durch diffuses Verhalten und anklammernde Bindung des Kindes. Dabei unterscheidet das Kind selbst nicht danach, ob es die Personen kennt oder ob es sich um Fremde handelt. (vgl. Kandale & Rugenstein, 2017, S. 193)

Meist entsteht ersteres Störungsbild durch Missbrauch, Misshandlung oder schwere Vernachlässigung. Wohingegen die zweite Form der Bindungsstörung „als Folge von vielfach wechselnden Betreuungssystemen in den ersten Lebensjahren gesehen" wird (Brisch, 2008, S. 836).

Durch Präventionsmaßnahmen können diese Ursachen bereits rechtzeitig abgewandt werden und das Entstehen solcher Störungsbilder bei den Kindern vermieden werden. So werden beispielsweise Hausbesuche bei besonders gefährdeten Personen durchgeführt (schwangere Teenager, psychisch kranke Eltern oder potenziell gewaltbereite Familien) oder durch Aufklärung und frühe Förderung von

Eltern-Kind-Beziehung die Gefahr verringert. (vgl. Heinrichs & Lohaus, 2011, S. 94–95)

Wenn doch ein Eingreifen bei auftretenden Bindungsstörungen nötig wird, liegt die Lösung meist darin, dem Kind ein stabiles und sicheres Umfeld zu ermöglichen, in welchem es auch dauerhafte Bezugspersonen und zuverlässige Ansprechpartner vorfindet. Um dies auch für die Pflegefamilien oder andere Verantwortliche zu erleichtern, muss hier die Möglichkeit zur Supervision, Aufklärung und Unterstützung von Fachkräften gegeben sein. (vgl. Rank, 2020, S. 134–137)

2.1.3 Tiefgreifende Entwicklungsstörungen

Tiefgreifende Entwicklungsstörungen zeigen sich bereits in den ersten fünf Lebensjahren eines Kindes. Es handelt sich dabei um Störungen, welche die Entwicklung in mehreren Bereichen stark einschränken. Kennzeichen sind vor allem die Beeinträchtigung der Kommunikation und des Sozialverhaltens. Außerdem haben Betroffene oftmals Schwierigkeiten mit Veränderungen und widmen sich eher stereotypen Interessen. (vgl. Lohaus & Vierhaus, 2015, S. 319–320)

Zur Gruppe der tiefgreifenden Entwicklungsstörungen gehören unter anderem das Rett-Syndrom, überaktive Störungen mit Intelligenzminderung oder die verschiedenen Störungsbilder des Autismus-Spektrums, wie frühkindlicher Autismus oder das Asperger-Syndrom. (vgl. Sendera & Sendera, 2011a, S. 126–140)

Betroffene dieser Entwicklungsstörungen fallen durch ihr Verhalten auf, welches unnatürlich und unangemessen auf andere Personen wirkt. Die Betroffenen wiederrum können ihr Umfeld nur schlecht einschätzen oder sich nicht in sie hineinversetzen. Wie bei dem Asperger-Syndrom oder Autismus zu beobachten ist, sind Einsamkeit und Isolation eine häufige Folge. Stattdessen erfolgt häufig eine starke Fokussierung auf Objekte, Interessensgebiete und gleichbleibende Abläufe. (vgl. Knoke, 2017, S. 77–79)

Die Entstehung der Störungsbilder ist noch immer nicht final geklärt, obwohl sich in den letzten Jahren bereits vieles im Hinblick auf die Forschung zu diesem Thema getan hat. Inzwischen hat man so widerlegen können, dass der Erziehungsstil oder frühe Erfahrungen und Traumata solche Entwicklungsstörungen auslösen können. (vgl. Rank, 2020, S. 163–165) Inzwischen hat man herausgefunden, dass genetische Grundlagen die Störung verursachen können. So konnten beispielsweise Anzeichen eines Hirnschadens, erhöhte Anzahl epilepti-scher Anfälle, Hirnhautentzündungen oder veränderter Aufbau des Gehirns und Kleinhirns in Zusammenhang mit tiefgreifenden Entwicklungsstörungen, wie dem Autismus, gebracht werden. (vgl. Fischer, 2011)

Zwar werden immer mehr begleitende und unterstützende Therapiemöglichkei-ten für Betroffene und deren Familien verbreitet, jedoch ist der Erfolg bei der The-rapie der Kinder vergleichsweise gering. Eine Einbindung der Kinder in ein nor-males Umfeld und die Erwartungen altersentsprechender Leistungen sind oft-mals nicht zu erreichen.

Auch hier gilt aber wieder, dass die Mischung aus Frühförderung, Aufklärung der Eltern, individuelles Training für soziale Verhaltensweisen und Aufbau kognitiver Strategien für das Kind das Leben mit der Störung bestmöglich ermöglichen kann. Hierfür sollte man Fachpersonal für die Unterstützung der Familien, sowie die frühzeitige Diagnostik und Beratung zu Rate ziehen. (vgl. Lempp, Tölle & Windgassen, 2009, S. 232–236)

2.1.4 Enuresis und Enkopresis

Als Enuresis wird eine Ausscheidungsstörung bezeichnet, bei welcher die voll-ständige Blasenentleerung zur falschen Zeit und am falschen Ort erfolgt. Dies passiert den meisten betroffenen Kindern überwiegend nachts und selten auch tagsüber. Betroffene der Enkopresis koten sich meist tagsüber ein oder der Stuhl-gang erfolgt unkontrolliert an ebenfalls unpassenden Orten. (vgl. Margraf & Schneider, 2019, S. 382)

Erst ab mindestens 5 Jahren kommt eine Diagnose der Enuresis oder Enkopre-sis bei Kindern überhaupt in Frage, da zuvor eine Kontrolle über die Ausschei-dungen sich sehr individuell entwickelt und somit regelmäßiges Einkoten und Ein-nässen bis zum Alter von 5 Jahren noch keine Verhaltensstörung aufzeigt. (vgl. Knoke, 2017, S. 80–81)

Nachdem organische und funktionelle Störungen mit Sicherheit ausgeschlossen werden können, kann im Anschluss an die Diagnose der Therapieverlauf begon-nen werden. Dieser besteht je nach Leidensdruck und Alter des Kindes aus ver-schiedenen Stufen. (vgl. Kries, Schlack & Thyen, 2009, S. 371–372)

Bei beiden Störungen gilt bei den sehr jungen Kindern, dass es oft ausreichend ist, wenn die Familie aufgeklärt wird und nicht sinnvolle Therapieverfahren durch die Eltern unterlassen werden. So kann das Thema an Akzeptanz bei den Betroffenen und den Familien gewinnen. Bei Kindern im Vorschulalter, bei welchen auch der Leidensdruck bereits besonders hoch ist, kann auch eine Verhaltenstherapie mittels apparativer Hilfsmittel, wie der Klingelhose, oder ein Toilettentraining durchgeführt werden. Das Einführen eines Belohnungssystems ist ebenfalls ein hilfreicher Lösungsweg für viele Kinder. (vgl. Margraf & Schneider, 2019, S. 385–387)

Neben intensiven Verhaltenstherapien kann in manchen Fällen auch eine medikamentöse Therapie in Erwägung gezogen werden. Da Medikamente aber nur die Symptome mildern, kann dies zwar bei enormer Belastung der Betroffenen hilfreich sein, sollte aber nur in Kombination mit weiteren therapeutischen Maßnahmen angewandt werden, um auch langfristige Ergebnisse zu erzielen und die inneren Konflikte des Kindes zu lösen. (vgl. Knoke, 2017, S. 81)

Im Falle der Enkopresis kann zudem eine Ernährungsumstellung zur Symptomverringerung, sowie spezifische Therapien von psychiatrischen Konflikten des Kindes angewandt werden (vgl. Kries et al., 2009, S. 372).

2.2 Störungsbilder mit Beginn im Kindesalter

2.2.1 Angststörungen

In den verschiedenen Entwicklungsphasen, die Kinder durchlaufen, empfinden sie stets auch verschiedene Formen von Ängsten.

Sind die Ängste aber nicht mehr der aktuellen Entwicklungsstufe des Kindes angemessen, z.B. da sie sich auf nicht altersangemessene Gegenstände oder Themen richten, und wird dadurch die weitere Entwicklung des Kindes aufgehalten oder verlangsamt, so spricht man bei langanhaltenden und intensiven Ängsten von Angststörungen. (vgl. Knoke, 2017, S. 83–84)

Dabei wird laut Heinrichs & Lohaus (vgl. Heinrichs & Lohaus, 2011, S. 114–117) zwischen vier Typen der Angststörung unterschieden:

1. Bei einer emotionalen Störung und Trennungsangst lebt das Kind in der andauernden Angst davor eine primäre Bezugsperson, wie Mutter oder Vater, zu verlieren oder getrennt von ihnen zu sein.

2. Phobische Ängste liegen bei eigentlich ungefährlichen Situationen und Objekten vor. Logische Argumentationen oder kognitive Fähigkeiten zur Einschätzung der nicht vorhandenen Gefahr können die Angst nicht verringern.

3. Die Störung mit sozialer Ängstlichkeit zeigt sich durch unangemessen starke Hemmungen und Unsicherheiten im Verhalten des Kindes gegenüber Fremden.

4. Generalisierte Angststörung liegt bei langanhaltenden Ängsten und Sorgen in Bezug auf verschiedene Alltagsbereiche vor. In Folge dieser andauernden Verunsicherung leiden die Kinder z.B. unter Ruhelosigkeit oder Schlafstörungen.

Die Entstehung der Angststörungen kann sich auf verschiedene Faktoren zurückführen lassen. So spielen genetische Merkmale, Bindung zu den Eltern, sowie deren Erziehungsverhalten eine Rolle. Aber auch das Erlernen von Ängsten, bspw. durch Beobachten der Angstreaktionen von Bezugspersonen, ist möglich. (vgl. Knoke, 2017, S. 86–87)

Auch hier gilt es mit der Aufklärung der Eltern zu beginnen. Die Eltern-Kind-Bindung, sowie das Erziehungsverhalten der Eltern entsprechend neu zu gestalten ist ein wichtiger Schritt in der Therapie der Angststörungen. Außerdem werden verhaltenstherapeutische Maßnahmen, wie Konfrontation oder das Erlernen von Entspannung, angewandt. Auch die Stärkung des Selbstbewusstseins und die Förderung der Konfliktfähigkeit sind wichtige Elemente in der Behandlung. (vgl. Kries et al., 2009, S. 355–356)

2.2.2 Zwangsstörungen

Sich ständig wiederholende Gedanken oder Tätigkeiten, welche zwanghaft durchgeführt werden müssen, bezeichnet man als Zwangsstörungen. Zwangsgedanken sind dabei meist irrationale, sich immer wieder aufdrängende Impulse oder Zweifel, die die Betroffenen nicht kontrollieren können. Zwangshandlungen hingegen sind Handlungen, die immer wieder wiederholt ausgeführt werden müssen, da dies dem Betroffenen das Gefühl gibt Schlechtes verhindern zu können. (vgl. Koch, Prölß & Schnell, 2019b, S. 53)

Dabei kann ein betroffenes Kind sehr wohl spüren, dass die Zwangsstörung keine realistische Notwendigkeit ist, sondern fühlt sich mehr als hätte es keine Wahl als den Zwang auszuführen (vgl. Margraf & Schneider, 2019, S. 631–632).

Durch die starken Auswirkungen der Zwangssymptome auf den Alltag des Kindes ist eine besonders starke Belastung in diesem Fall nicht nur für die Betroffenen, sondern auch für das gesamte soziale Umfeld vorhanden. (vgl. Davison, Hautzinger & Neale, 2016, S. 181–183)

Neben neurobiologischen Ursachen können Zwänge auch erlernt und durch Fehlverhalten seitens der Bezugspersonen verstärkt werden. Doch auch weitere Theorien, wie organische Untersuchungen oder psychodynamische Ansätze, bieten Erklärungswege für die Entstehung von Zwangserkrankungen. (vgl. Knoke, 2017, S. 87–88)

Eine Therapie erfolgt in den meisten Fällen durch psychotherapeutische Ansätze und medikamentöse Behandlung. Dabei werden vor allem die Zwänge kontrolliert und minimiert, sowie die daraus resultierenden Angstzustände behandelt durch verhaltenstherapeutische Schemata (vgl. Caspar, Pjanic & Westermann, 2018, S. 79–80). Die Kontrolle der Zwänge erfordert ein starkes Durchhaltevermögen seitens des Kindes, aber auch seitens der Familie, die meist bei jüngeren Betroffenen stark in die Zwangsrituale mit eingebunden wird. (vgl. Kries et al., 2009, S. 353–354)

2.2.3 Ticstörung

„Unter Tics versteht man plötzlich auftretende, sich stereotyp wiederholende motorische Bewegungen oder vokale Äußerungen" (Knoke, 2017, S. 88). Dabei können diese in der einfachen (z.B. Muskelzuckungen) oder komplexen Form (z.B. ganze Sätze oder sich im Kreis drehen) auftreten. Vokale und motorische Tics können auch im Rahmen des Tourette-Syndroms kombiniert auftreten (vgl. Margraf & Schneider, 2009, S. 648–649).

Auch Ticstörungen können durch die genetische Veranlagung, sowie neurobiologische Ursachen, wie eine Fehlfunktion bestimmter Hirnareale, erklärt werden. Im Gegensatz zu den anderen Entwicklungsstörungen finden sich hier jedoch keine Zusammenhänge zwischen dem Auftreten der Ticstörungen und der Erziehung, erlerntem Verhalten oder inneren Konflikten des Kindes. (vgl. Heinrichs & Lohaus, 2011b, S. 151–152)

In vielen Fällen treten Tics im Kindes- und Jugendalter nur vorübergehend auf und hören meist im Laufe der Pubertät von selbst wieder auf. Leidet ein Kind jedoch unter dem Tourette-Syndrom oder anderen komplexen Tics, so ist in manchen Fällen die medikamentöse Behandlung notwendig, um die Ticsymptome zu lindern und so den Leidensdruck der Betroffenen zu reduzieren. Auch hier gilt wieder als erste Maßnahme die Aufklärung der Eltern, da Tics oftmals auffällig sein können und so zu Unbehagen und kritischen Situationen in der Öffentlichkeit und zu Überforderung im sozialen Umfeld des Kindes führen können. (vgl. Hebebrand, 2004, S. 1313–1317)

2.2.4 Hyperkinetische und Aufmerksamkeitsstörungen

Bei den, nach ICD-10 kategorisierten, hyperkinetischen Störungen weißen die betroffenen Kinder Aufmerksamkeitsdefizite oder Hyperaktivität und Impulsivität auf (vgl. BfArM, 2020). In den meisten Fällen leiden die Kinder unter beiden Problemen. Die Hyperaktivität/ Impulsivität äußert sich durch ständiges Zappeln, lautes Verhalten, ständige Störungen und andauernden Bewegungsdrang des Kindes. Tritt das Aufmerksamkeitsdefizit auf, können die Betroffenen nur schwer die Konzentration bei einer Sache behalten und langsamer Informationen aufnehmen und verarbeiten. Im Kindesalter führen die Störungen meist zu schlechteren Leistungen in der Schule und großen Schwierigkeiten im Umgang mit Gleichaltrigen. (Deutsche Gesellschaft für Kinder- und Jugendpsychiatrie und Psychotherapie, 2007; vgl. Rank, 2020, S. 143–145)

Eine entsprechende Diagnose und die richtige Behandlung ist wichtig, da man inzwischen weiß, dass die Symptome sich zwar im Laufe der Entwicklung ändern können, jedoch die Störung sich nicht von selbst durch das Erreichen des Erwachsenenalters löst. Auch Erwachsene können oftmals noch stark unter der Symptomatik leiden. (vgl. Philipsen & Voderholzer, 2020, S. 573–574)

Die Ursachenbestimmung konnte bisher noch nicht vollständig geklärt werden, jedoch scheint die Entstehung auch hier meist durch mehrere Faktoren beeinflusst. Im Vordergrund stehen dabei die genetische Veranlagung als auch

neurobiologische Ursachen. Auch das Verhalten der Mutter in der Schwanger-
schaft kann, z.B. durch Nikotin- oder Alkoholkonsum oder durch Stress, Effekte
auf das enthemmte Verhalten des Kindes haben (vgl. Koch, Prölß & Schnell,
2019a, S. 147–148). Ein instabiles Umfeld, Traumata oder andere Belastungen
im Leben des Kindes in Familie und Schule können nach heutigem Kenntnisstand
ADHS nicht auslösen. Jedoch können solche Faktoren oder erlerntes Verhalten
durch Erziehung die Symptome in ihrer Erscheinungsform und ihrem Ausmaß
beeinflussen. (vgl. Knoke, 2017, S. 90–91)

Entsprechend muss auch im Rahmen einer Behandlung an diesen Punkten
ebenso angesetzt werden, wie an der medikamentösen Behandlung. Das Verhalten des Kindes wird durch positive Verstärkung beeinflusst, aber auch klare
Unterrichtsstrukturen, eine Betrachtung der Familienbeziehungen und entsprechende Veränderungen in der Interaktion werden vorgenommen. Kinder sollten
vor allem Selbstmanagementtechniken erlernen und ihr Selbstbewusstsein neu
stärken. Natürlich muss im ersten Schritt auch immer Aufklärung der Familien,
Lehrer und anderen direkt Beteiligten stattfinden, um den korrekten Umgang zu
ermöglichen. (vgl. Lempp et al., 2009, S. 276–277)

2.2.5 Störungen des Sozialverhaltens

Störungen des Sozialverhaltens zeigen sich durch aggressives, aufsässiges und
antisoziales Verhalten. Die Diagnose erfolgt nur bei anhaltendem Verhalten und
sich wiederholenden Mustern der Auffälligkeiten. Unterschieden wird dabei zwischen Aggression gegenüber Menschen und Tieren, Verletzung von Normen und
Regeln der Gesellschaft und Verletzung/ Zerstörung von Eigentum. Die Kinder
zeigen nach solchen Handlungen keine Reue oder Einsicht. (vgl. Kries et al.,
2009, S. 359–361)

Im Gegensatz zu vielen anderen Entwicklungsstörungen, konnte in diesem Fall
ein deutlicher Zusammenhang zwischen den sozialen Lebensumständen und
den Milieubedingungen des Kindes mit dem Auftreten der Störung festgestellt
werden. Persönlichkeitsmerkmale, erlerntes Verhalten und Erziehungsmetho-
den, aber auch genetische Prädisposition und neuropsychologische Defizite sind
weitere Faktoren bei der Entstehung der Störungen. (vgl. Margraf & Schneider,
2009, S. 462–464)

Durch den starken Einfluss des sozialen Umfelds und der Erziehung seitens der Eltern ist auch eine Behandlung an diesen Punkten anzusetzen. Eltern sollen dabei erlernen selbst angemessen zu reagieren, Konflikte zu bewältigen und die Kinder durch positive Verstärkung näher an prosoziales Verhalten heranzuführen. Die Betroffenen selbst erlernen parallel Kontrollmechanismen für Wut und Aggression und werden an moralisches Denken und Empathie herangeführt. Um ein langfristiges Ergebnis zu erzielen ist es in jedem Fall unabdingbar, dass das soziale Umfeld stabilisiert wird. (vgl. Rank, 2020, S. 155–157)

2.2.6 Umschriebene Entwicklungsstörung

Im Fall der umschriebenen Entwicklungsstörung ist ein einzelner Entwicklungsbereich des Kindes gestört und somit nicht entsprechend der Altersstufe und dem Intelligenzquotienten des Kindes entwickelt. Die anderen Entwicklungsbereiche funktionieren jedoch altersgemäß. Es kann sich hier um Störungen in Sprache (fehlendes Sprachverständnis, schlechte Artikulation) und Motorik (Ungeschicklichkeit, fehlende Fein-/Grobmotorik) handeln oder um die schulischen Fertigkeiten in Form einer Lese- und Rechtschreibstörung, einer Rechenstörung oder einer isolierten Rechtschreibstörung. (vgl. Davison et al., 2016, S. 559–561)

Die umschriebenen Entwicklungsstörungen werden stark beeinflusst durch genetische Veranlagungen und Vorbelastungen seitens der Familie. Defizite in der Entwicklung des Gehirns und damit einhergehender Fähigkeiten konnten oft in Zusammenhang mit den Störungsbildern gebracht werden. (vgl. Knoke, 2017, S. 95–97; vgl. Lohaus & Vierhaus, 2015, S. 290)

Als therapeutische Maßnahmen kommen bspw. ergotherapeutische und physiotherapeutische Ansätze zum Trainieren der motorischen Fähigkeiten oder logopädische Übungen für den Ausbau der sprachlichen Kenntnisse in Frage. Auch in der Schule gibt es spezielle Programme mit Fachlehrkräften, zusätzlicher Prüfungszeit, Lern-Aktivitäten oder Einzeltrainings. Eltern und Lehrer müssen besonders stark eingebunden werden, um durch positives Feedback und spezielle Unterstützung beim Lernen das Kind optimal zu unterstützen. (vgl. Lohaus & Vierhaus, 2015, S. 290)

2.3 Störungen bei Jugendlichen

2.3.1 Depression

Depressionen beginnen in den meisten Fällen bereits im Jugendalter, nur selten tritt die Störung schon im Kindesalter auf. Kennzeichnend für die Depression ist ein anhaltender Zustand der Traurigkeit, Hoffnungslosigkeit, fehlendem Interesse und sozialem Rückzug. Einhergehend sind Selbstmitleid, Antriebslosigkeit, Schlafstörungen, Schuldgefühle bis hin zu Todesgedanken zu beobachten. (vgl. Lohaus & Vierhaus, 2015, S. 294)

Bei der Suche nach Ursachen für eine Depression sollten möglichst viele mögliche Theorien zur Entstehung in Betracht gezogen werden. Je nach Betroffenem und den jeweiligen Umständen können verschiedene Faktoren zutreffen und im Zusammenspiel eine Depression hervorrufen. Die Theorien reichen von unsicheren frühkindlichen Bindungen, psychodynamischen Ansätzen, negativen kognitiven Schemata über fehlende oder schlechte soziale Kontakte und Traumata, bis hin zu neurobiologischen Auffälligkeiten. (vgl. Knoke, 2017, S. 100–102)

Eine Behandlung erfolgt bei Jugendlichen in der Regel durch eine Psychotherapie, Unterstützung der Familie und der Betroffenen durch bspw. Jugendhelfer und durch medikamentöse Behandlung. Im Falle von Suizidgedanken ist eine Einweisung in eine psychiatrische Klinik oftmals angebracht, um den Betroffenen vor sich selbst zu schützen. (vgl. Stier, Weissenrieder & Schwab, 2018, S. 338–340)

2.3.2 Essstörungen

Im Allgemeinen ist eine Essstörung eine Störung, bei welcher die Betroffenen sich ständig emotional und gedanklich mit der Thematik „Essen" auseinandersetzen. Dabei geht es sowohl um die Aufnahme von Nahrung, die Auswahl von Nahrung, aber auch die Verweigerung der Nahrungsaufnahme. (vgl. Caspar et al., 2018, S. 91)

Im Jugendalter sind vor allem Bulimia nervosa und Anorexia nervosa weit verbreitet. Bei Bulimie (Ess-Brech-Sucht) handelt es sich um die Angst vor der

Gewichtszunahme, weshalb die Betroffenen dies durch Erbrechen, Fasten oder exzessiven Sport verhindern. Diese Gegenmaßnahmen wechseln sich dabei aber mit Fressattacken ab, welche die Betroffenen nicht kontrollieren können. Bei Anorexie hingegen wird das Hungergefühl unterdrückt und die Nahrungsaufnahme dauerhaft stark reduziert oder verweigert bis zur gänzlichen Appetitlosigkeit. Das Ziel ist ein immer weiter sinkendes Körpergewicht (vgl. Kries et al., 2009, S. 423–424).

Weitere häufige Formen der Essstörung sind Binge-Eating-Störung oder Orthorexie. Die Binge-Eating-Störung ähnelt der Bulimie durch die auftretenden wiederholten Fressattacken, welche Verzweiflung und Scham bei den Jugendlichen auslösen. Es folgen jedoch daraufhin keine Gegenmaßnahmen, so dass oftmals Übergewicht entwickelt wird (vgl. Lohaus & Vierhaus, 2015, S. 293). Die Orthorexie unterscheidet sich deutlicher von den anderen Essstörungen. Hier geht es den Betroffenen darum sich möglichst gesund zu ernähren, wobei dieser Fokus auf gesundes Essen zu einer ungesunden Fixierung auf die Thematik und zu vielen selbst auferlegten Regeln und Einschränkungen führt. Dadurch ist die Ernährung unausgewogen oder es kommt zu Mangelerscheinungen. (vgl. Depa, Humme & Klotter, 2015, S. 10–13)

Die Ursprünge von Essstörungen werden im weiteren Verlauf dieser Arbeit genauer beleuchtet, weshalb an dieser Stelle nicht näher darauf eingegangen wird.

Therapiemöglichkeiten bestehen bei den verschiedenen Störungsbildern vor allem darin, die Betroffenen in der Ernährungsumstellung und Gewichtsregulation zu unterstützen. Hier ist Aufklärung von Betroffenen und Familien und die Wissensübermittlung zu Ernährung, Bewegung und Verdauung besonders wichtig. Auch familien-therapeutische Ansätze sind zu beachten, sowie eine Psychotherapie für die Jugendlichen. Dabei steht die Steigerung von Selbstbewusstsein, ein angemessenes Selbstbild und Kompetenzen zur Konfliktbewältigung im Vordergrund. In fortgeschrittenen Fällen müssen oft auch andere gesundheitliche Schäden als Nebenwirkungen der Essstörung medizinisch behandelt werden. (vgl. Davison et al., 2016, S. 300–302)

In den verschiedenen Entwicklungsstufen von Kindern und Jugendlichen gehören gewisse Ängste genauso dazu, wie das Austesten von riskantem Verhalten und Grenzen. So versuchen besonders Jugendliche oft auch die Einnahme stimulierender, sedierender oder berauschender Mittel. Dazu gehören Alkohol, Zigaretten, Cannabis, Opioide, Amphetamine oder Halluzinogene.

Die Formen des Substanzmissbrauchs werden dabei kategorisiert als akute Intoxikation, schädlicher Gebrauch oder Abhängigkeit. Die akute Intoxikation bezieht sich auf die Störungen durch den eben erfolgten Konsum. Wobei die Störungen je nach Substanz ausfallen, sich jedoch wieder zurückbilden, wenn die Wirkung nachlässt. Der schädliche Gebrauch gilt, wenn über einen längeren Zeitraum vermehrt und regelmäßig Substanzen konsumiert wurden und die bereits körperliche oder psychische Schäden erwirkt haben. Die Abhängigkeit wiederrum liegt erst vor, wenn mindestens einen Monat lang mehrere Merkmale, wie starkes Verlangen, körperliche Entzugserscheinungen, Vernachlässigung anderer Dinge, Toleranzentwicklung gegenüber der Substanzwirkung, etc. vorliegen. (vgl. Knoke, 2017, S. 107)

Ursachen beginnen auch hier bei der genetischen Veranlagung. Diese bestimmen, wie empfänglich man für den Konsum ist und wie sich die Substanz, das Suchtverhalten oder körperliche und psychische Folgen bemerkbar machen. Meist spielt besonders bei Jugendlichen Gruppenzwang, Zugehörigkeitsbedürfnis und Ängste eine große Rolle. Auch instabiles familiäres Umfeld oder erlerntes Fehlverhalten im Umgang mit Substanzen fördern den Missbrauch. (vgl. Margraf & Schneider, 2009, S. 766–771)

Zur Behandlung einer Abhängigkeit oder zur Verminderung des schädlichen Gebrauchs sind Entzug oder kontrollierte Einnahme zur Minimierung notwendig. Begleitet von psychotherapeutischen und kognitiv-verhaltenstherapeutischen Maßnahmen können die Betroffenen auch langfristig abstinent bleiben. Die Aufklärung des direkten Umfelds und der Austausch mit anderen Betroffenen bietet die nötige Unterstützung und Motivation. (vgl. Davison et al., 2016, S. 441–457)

3. Vergleich mit Störungen im Erwachsenenalter

Warum müssen nun Störungen in den verschiedenen Altersstufen von Kleinkind bis zu Jugendlichen anders betrachtet werden als Störungen im Erwachsenenalter?

Viele der Störungen können auch bei Erwachsenen noch auftreten oder bis über die Jugend hinaus anhalten. Die Symptome sind dabei oft die gleichen, z.B. bei Depressionen oder bei Suchtkrankheiten. Jedoch kann man andere Ursachen für die Störung erkennen, wenn man diese bei Kindern und Erwachsenen vergleicht. Beispielsweise ist bei Essstörungen oder bei Substanzmissbrauch im jugendlichen Alter meist der Druck des Freundeskreises oder ein instabiles Familienverhältnis der Grund, wohingegen Erwachsene diese Störungen eher durch Traumata oder starke Belastungssituationen entwickeln. (vgl. Lempp et al., 2009, S. 48–59)

Eine weitere Besonderheit der Störungen im jungen Alter liegt darin, dass die Familie und andere Bezugspersonen, z.B. Schulpersonal, eine deutlich größere Rolle spielen. Diese sind für das Erkennen der Problematik und auch für die Behandlung besonders relevant. Durch die noch sehr starke Abhängigkeit von Kindern und Jugendlichen zu diesen Bezugspersonen, ist eine Mitarbeit im Diagnose- und Therapieverlauf oftmals ausschlaggebend für die weitere Entwicklung des Betroffenen und damit auch von dessen Störung.

Auch muss bei der Diagnostik und Behandlung der Störungsbilder auf das Alter der Betroffenen geachtet werden, da man diese erst als psychische Störung bezeichnet, wenn sie deutlich vom durchschnittlichen Entwicklungsstand abweichen. Kinder müssen daher besonders genau untersucht werden, da sie sich in kurzer Zeit weiterentwickeln und es oftmals deutliche Unterschiede zwischen Gleichaltrigen gibt, die jedoch noch kein bedenkliches Ausmaß aufzeigen. In diesem Fall ist das geschulte Auge von Fachpersonal, wie Kinder- und Jugendtherapeuten, von großer Bedeutung. (vgl. Jacob, 2017)

Die Entwicklungsstörungen im Kinder- bis Jugendalter sind auch relevant für die weitere psychische Gesundheit im Erwachsenenalter. Abgesehen von den Unterschieden bei der Betrachtung der Kinder- und Jugendpsychiatrie und der Erwachsenenpsychiatrie, können früh entstandene oder sich weiterentwickelnde

Störungen Konsequenzen für die Gesundheit als Erwachsener nach sich ziehen. Besonders im Erwachsenenalter kann dies dann zu erheblichem Leidensdruck führen, da die Betroffenen dann selbstverantwortlich und selbstständig leben möchten bzw. müssen und lange unterdrückte oder unerkannte Störungsbilder auch zu aufgestautem Druck führen können. (vgl. Margraf & Schneider, 2009, S. 3–7)

4. Konzept zum Umgang mit der aktuellen Thematik „Essstörung"

4.1 Überblick zu theoretischen Grundlagen

Im bisherigen theoretischen Teil konnte somit festgehalten werden, dass es viele verschiedene Entwicklungsstörungen gibt und wie diese definiert, erkannt, erklärt und behandelt werden können.

Auch die Abgrenzung zu psychiatrischen Störungen im Erwachsenenalter wurde vorgenommen. Diese Abgrenzung ist besonders im Hinblick auf die verschiedenen Entwicklungsstufen von Kindern und Jugendlichen wichtig. Aber auch die Rolle der Eltern und anderer Bezugspersonen aus dem schulischen und familiären Umfeld stellt einen deutlichen Unterschied zu Störungsbildern bei Erwachsenen dar.

Bei allen Entwicklungsstörungen ist es besonders wichtig, diese rechtzeitig zu erkennen und bestmöglich zu behandeln, so dass diese sich nicht bis in das Erwachsenenalter hinein weiterentwickeln oder zusätzliche Konsequenzen für die psychische Gesundheit des Betroffenen im weiteren Leben nach sich ziehen.

So auch bei den im Jugendalter auftretenden Essstörungen. Diese sind, wie in der Einleitung bereits erwähnt, aktuell unter den häufigsten Störungen im Bereich der Kinder- und Jugendpsychiatrie. Da eine Essstörung lebensbedrohliche Folgen für jugendliche Betroffene, aber auch bis ins Erwachsenenalter hinein, haben kann, folgt nun ein Konzept zum Umgang mit diesem Störungsbild.

4.2   Ursachen und Folgen

Die Anorexie, die Bulimie, die Binge-Eating-Störung, die Orthorexie zählen u.a. zu den verschiedenen Formen der Essstörungen. Eine genaue Unterscheidung dieser Formen wurde bereits unter 2.3.2 vorgenommen.

Die Entstehungsmöglichkeiten umfassen bei Essstörung mehrere Faktoren. Diese setzen sich zusammen aus familiären und gesellschaftlichen Faktoren, aus genetischen Veranlagungen und Persönlichkeitsmerkmalen der Betroffenen, aber auch traumatisierende Ereignisse und starke Belastungssituationen können eine Rolle spielen. (vgl. Reichert, 2015, S. 7–11)

So nutzen Betroffene eine Essstörung beispielsweise zur Vermeidung von Konfrontationen und zur Unterdrückung von Emotionen. Bei schwierigen familiären Verhältnissen oder bei Traumata kann sie andererseits eine Mitteilungsfunktion haben, durch welche die betroffenen Kinder auf sich aufmerksam machen und eine gewisse Fürsorge durch Eltern oder das nähere Umfeld erlangen können. (vgl. Kathrein, 2019, S. 32–34)

Die gesellschaftlichen und sozialen Einflüsse entstehen besonders im Jugendalter durch Gruppenzwang und stark präsente Schönheitsideale. Die Jugendlichen sind heutzutage immer mehr den Idealbildern von Models, Filmstars oder Influencern ausgesetzt, welche durch die Digitalisierung und Werbung mehrmals täglich vor Augen führen, wie man sich in dieser Gesellschaft zu geben hat (vgl. Pauli, 2019, S. 237–240). Dabei wird Schönheit und Leistung in den Vordergrund gerückt und als Voraussetzung für Anerkennung, Erfolg, Liebe und ein glückliches Leben dargestellt.

Essstörungen geben den Jugendlichen so das Gefühl die Kontrolle zu haben und etwas zu erreichen (z.B. das nächste Wunschgewicht in besonders kurzer Zeit). Zusätzlich wird ein vorgegebenes Schönheitsideal angestrebt und dieses führt oft zur Anerkennung im Kreis der Gleichaltrigen. Wenn das soziale Umfeld diese Schönheitsideale ebenfalls vorlebt oder entsprechend anderes Aussehen mit Beleidigungen, Druck oder Ausgrenzung bestraft, so wirkt dies noch verstärkt als Belastung und beeinflusst das Selbstbild.

Daraus entstehende Unsicherheit, emotionale Instabilität oder Einsamkeit führen somit wiederrum zu den bereits genannten Vermeidungs- und Mitteilungsfunktionen der Essstörungen. (vgl. Kathrein, 2019, S. 32–34)

Es ist also leicht zu erkennen, dass die vielen verschiedenen Faktoren als Ursachen für eine Essstörung sich auch gegenseitig beeinflussen und in den meisten Fällen zu einer stetigen Verschlimmerung der Störung führen.

Doch nicht nur das oder die bereits aufgeführten sozialen Folgen und Auswirkungen auf die Persönlichkeit der Betroffenen können daraus resultieren. Auch die körperlichen Folgen einer Essstörung sind vielseitig. Betroffene leiden je nach Form der Störung bspw. unter Haarausfall, Sehschwäche, niedrigem Blutdruck und Kreislaufstörungen, Müdigkeit, Karies, Verätzung der Speiseröhre, Schmerzen, verändertem Hautbild, Osteoporose oder sinkender Leistungsfähigkeit durch reduzierte Muskulatur und reduzierte Hirnmasse. In den meisten Fällen werden nach längerem Verlauf einer Essstörung auch die Organe geschädigt und der Hormonhaushalt gestört. (vgl. Deutsche Gesellschaft für Kinder- und Jugendpsychiatrie und Psychotherapie, 2007, S. 39–41)

Bei Kindern und Jugendlichen sind die Folgen besonders verheerend, da das Wachstum unterbrochen oder gestoppt werden kann und der Körper sich nicht gemäß dem Alter weiterentwickeln kann. Durch die Auswirkung auf die Entwicklung ist auch eine Erholung von den körperlichen Schäden meist langwieriger oder oftmals nicht mehr vollständig möglich. (vgl. Bühren, 2011, S. 68–71)

4.3 Prävention

Besonders durch die starke Einwirkung der gesellschaftlichen Einflüsse und des sozialen Umfelds ist eine universelle Prävention durch Aufklärungsarbeit, wie Kampagnen oder Projekte, besonders wichtig. Durch universelle Präventionsmaßnahmen wird die Gesellschaft im Allgemeinen angesprochen und somit am Kern der gesellschaftlichen Ursachen für Essstörungen angesetzt.

Da Jugendliche besonders betroffen sind von Essstörungen sollte man die Präventionsmaßnahmen an Orten durchführen, an welchen sich diese in großer Zahl aufhalten. Um bereits frühzeitig einschreiten zu können werden in die Aufklärungsarbeit auch schon Kinder eingebunden, welche noch nicht im Jugendalter sind.

Optimale Orte zur Durchführung der Maßnahmen sind also Schulen jeglicher Art, Vereine oder andere Freizeitgruppierungen und Freizeitstätten, wie Jugendzentren und Ferienprogramme.

Langfristige Effekte werden bei den verschiedenen Programmen oder durch Informationsmaterial erzielt, wenn u.a. allgemeine soziale Kompetenzen gefördert werden. Die Kinder und Jugendlichen sollen ein starkes Selbstbewusstsein entwickeln, selbstverantwortliches Denken und Entscheiden erlernen aber auch den richtigen sozialen und emotionalen Umgang mit Konflikten und dem Umfeld kennenlernen.

So werden die Kinder und Jugendlichen gestärkt in ihrer eigenen Persönlichkeit, können sozialem Druck leichter standhalten und lernen sich gegenseitig zu unterstützen anstelle von Erwartungshaltungen und daraus resultierender Ausgrenzung. (vgl. Reichert, 2015, S. 17–31)

Auch das Vermitteln von Wissen in Bezug auf ausgewogene Ernährung, Bewegung und grundlegende Kenntnisse über den eigenen Körper und die Gesundheit können bereits ein Schritt auf dem Weg der Prävention von Essstörungen sein. (vgl. Bundesministerium für Gesundheit, 2017)

Diese Kenntnisse vermitteln einerseits die Schulen selbst im Rahmen des Unterrichts und anhand von speziellem Unterrichtsmaterial, wie vom Schulprojekt MaiStep (vgl. KKH, 2020). Aber auch andere Bezugspersonen, welche mit den Kindern und Jugendlichen in deren Freizeit arbeiten, sollten im Rahmen von Aktivitäten, Gesprächen und durch bereitgestelltes Informationsmaterial mit aufklären.

Nicht nur die Schulen und Freizeiteinrichtungen, sondern auch Eltern sind eine wichtige Zielgruppe zur Prävention von Essstörungen. Durch Elternzeitschriften, Seminare, Elternabende und Informationsmaterial müssen auch Eltern rechtzeitig über Essstörungen, gesundes Selbstwertgefühl, ausgewogene Ernährung und das richtige Erziehungsverhalten aufgeklärt werden. (vgl. Reichert, 2015, S. 38)

Die Bundeszentrale für gesundheitliche Aufklärung (BZgA) bietet außerdem eine staatliche Informations- und Aufklärungskampagne, welche eben genanntes Informationsmaterial und professionelle Ansprechpartner oder Schulungen für alle

Zielgruppen (Lehrer, Eltern, Betreuer, Sozialpädagogen oder Kinder und Jugendliche direkt) zur Verfügung stellt. Die BZgA macht zudem bundesweit in regelmäßigen Abständen die Gesellschaft auf die Störungen und die dafür verantwortlichen Ursachen aufmerksam durch Öffentlichkeitsarbeit, also durch Werbespots, Plakate, Informationsmaterial, die Homepage und auch durch interaktive Comics. (vgl. Bundeszentrale für gesundheitliche Aufklärung, 2020)

Diese Maßnahmen gehören zu den primären Präventionsmaßnahmen zur Vorbeugung von Essstörungen besonders im Kinder- und Jugendalter. Sie setzen also bereits vor dem Entstehen der Störungen an und richten sich an die Allgemeinheit.

Die sekundären Präventionsmaßnahmen hingegen beziehen sich auf eine möglichst frühe Erkennung von Essstörungen und die dadurch früh beginnende Behandlung und Betreuung der Betroffenen.

Hierzu können die primären Maßnahmen ebenfalls dienen, da diese für mehr Wissen und Aufmerksamkeit sorgt. So können Betroffene durch Selbstreflektion vielleicht schneller die eigene Krankheit erkennen und als solche annehmen. Auch das Umfeld wird durch einen geschulten und aufmerksameren Blick frühzeitig Symptome erkennen und kann schneller eingreifen.

Aber auch regelmäßige Check-Ups bei Ärzten sorgen dafür, dass körperliche Entwicklungen, welche nicht der aktuellen Entwicklungsstufe des Kindes entsprechen, schnell bemerkt werden und fachkundig untersucht werden können. Besonders in Kindheit und Pubertät ändert sich der Körper oftmals in kürzester Zeit sehr stark, wodurch die Familie meist nicht rechtzeitig einschätzen kann ob starke Veränderungen z.B. des Körpergewichts oder der Haut eine normale Entwicklung oder bedenkliche Anzeichen für körperliche Schäden sind.

Anlaufstellen, wie Ansprechpartner an Schulen oder Sorgen-Telefone, Homepages und Foren sorgen dafür, dass bei Konflikten im Leben der Jugendlichen neutrale und professionelle Hilfe gewährleistet wird. Dies ermöglicht eine Alternative mit Kummer und Leistungsdruck oder Einsamkeit umzugehen und kann besonders im Anfangsstadium einer Essstörung diese aufhalten. Auch hier kann eine Störung bereits in Gesprächen früh erkannt werden und die Betroffenen schnellstmöglich an entsprechende Ärzte weitergeleitet werden zur weiteren Behandlung. (vgl. Bundeszentrale für gesundheitliche Aufklärung, 2020)

Da nicht alle Essstörungen durch Präventionsmaßnahmen abgewandt werden können ist es umso wichtiger sich nach der Diagnose an einen Kinder- und Jugendtherapeuten und entsprechende Fachärzte zu wenden, um gemeinsam zeitnah einen individuellen Behandlungsplan zu erarbeiten. Die verschiedenen Behandlungsmöglichkeiten nach der Diagnose einer Essstörung sind bereits unter 2.3.2 genannt worden.

4.4 Diskussion des Konzepts

Die oben genannten Maßnahmen sind nicht nur bei Essstörungen, sondern in ähnlichem Umfang, auch bei anderen Störungen von Kindern- und Jugendlichen seit mehreren Jahren immer stärker im Einsatz.

Bei der Umsetzung sollte jedoch immer die Mischung aus allen Maßnahmen berücksichtigt werden, denn eine einzelne Maßnahme hat meist nicht den weitreichenden Einfluss, welcher benötigt wird, um tiefgreifende Störungen abzuwenden.

Auch sollte die Prävention wirklich an die Gesellschaft im Allgemeinen und an Kinder, Jugendliche und ihr soziales Umfeld gerichtet werden. Besonders bei Essstörungen werden oftmals spezielle Zielgruppen, wie Mädchen in bestimmten Altersgruppen oder bestimmte soziale Schichten, angesprochen. Diese bilden zwar Risikogruppen durch gesellschaftliche Rollenbilder und Ideal, jedoch sollte dennoch nicht außer Acht gelassen werden, dass auch andere Gruppen, wie jüngere Kinder oder Jungs und auch Erwachsene, jederzeit betroffen sein könnten und diese die Präventionsmaßnahmen genauso benötigen.

Kritisch zu sehen ist außerdem, dass die Maßnahmen, wie Öffentlichkeitsarbeit, Hotlines, Homepages, Schulungen von Pädagogen oder Freizeitaktivitäten zur Förderung der Kinder, immer auch einen erheblichen Kostenaufwand für die Einrichtungen bedeuten. Um eine weiterhin verstärkte Prävention zu gewährleisten müssen Privatpersonen, Krankenkassen, der Staat und Vereine/ Verbände die Aktionen unterstützen und durch Spenden oder verfügbare Budgets finanziell entlasten.

Als letzter großer Kritikpunkt in Bezug auf Prävention der Essstörungen ist in jedem Fall das allgemeine gesellschaftliche Denken anzumerken. Die präventiven Maßnahmen werden immer gegen ein vorherrschendes Schönheitsideal und den

Leistungsdruck in der aktuellen Kultur und Gesellschaft ankämpfen müssen. Auch wenn Aufklärung hier stückweise ein Umdenken der angesprochenen Zielgruppen erhoffen lässt, so können wirtschaftliche Strukturen und Vorbilder in den Medien dennoch immer wieder die weiter oben genannten Ursachen für Essstörungen in Gang bringen.

5. Fazit

Es ist also in jedem Fall wichtig, dass ein gesellschaftliches Umdenken stattfindet. Medienwirksame Personen und jeder, der als Vorbild gesehen werden könnte, sollte ein gesundes und ausgewogenes Selbstbild zeigen. Der Fokus einer Leistungsgesellschaft sollte mehr auf dem Individuum und nicht auf dem Druck der Gesellschaft und Wirtschaft liegen. Individualität und die Vielfalt der Menschen sollten als etwas Positives gesehen werden.

Ein solcher Wandel kann in Kombination mit einem gut ausgebauten System an Präventionsangeboten vielen Kindern und Jugendlichen helfen und somit auch bis ins Erwachsenenalter hinein für psychische Gesundheit sorgen.

Dies betrifft damit nicht nur Essstörungen, sondern auch andere Entwicklungsstörungen im Kinder- und Jugendalter.

Bereits seit vielen Jahrhunderten kämpfen Menschen in allen Altersstufen mit psychischen Störungen und deren Folgen. Viele Störungen sind unter anderem genetisch bedingt oder entstehen durch ein Wechselspiel aus Familie, Umfeld, Lebensereignissen und der eigenen Persönlichkeit. Nicht alles davon lässt sich verhindern, jedoch ist ein offener Umgang mit psychischen Erkrankungen und eine weitreichende Aufklärungsarbeit ein wichtiger Schritt, um den Leidensdruck der Betroffenen zu minimieren.

6. Ausblick

Durch Aufklärungsarbeit und die steigende Zahl an Essstörungen oder anderen Krankheiten, welche durch gesellschaftlichen Druck entstehen können, lässt sich in den letzten ein bis zwei Jahren bereits ein Umdenken bezüglich Schönheitsbildern, Individualität, Stress und Offenheit zu psychischer Gesundheit erkennen.

Auch wenn die stetig wachsende Medienpräsenz im Alltag als eine der Ursachen für steigenden Druck auf Kinder und Jugendliche angeführt werden kann, so kann man die Medien doch auch als Chance sehen. Durch soziale Netzwerke haben Kinder und Jugendliche mehr Möglichkeiten Kontakte zu knüpfen und sich selbstständig zu informieren. Vorbilder, wie Influencer und Models, vermitteln das neue gesunde Lebensgefühl und ein natürlicheres Idealbild auf schnellerem und direktem Weg. Erfahrungsberichte zu psychischen Erkrankungen machen das Thema psychische Störungen für alle zugänglich.

Auch wenn die Digitalisierung und die immer schnelleren Wandel und Fortschritte mit Vorsicht zu betrachten sind, so kann mit Verstand und fachlicher Expertise auch in der Kinder- und Jugendpsychiatrie damit zukünftig ein großer Fortschritt erreicht werden.

Literaturverzeichnis

Barth, M., Belzer, F., Buchholz, A., Kleinert, L. & Mall, V. (2015). *Pädiatrische Einschätzung von elterlichen Belastungen und Unterstützungsbedarf. Prävention und Gesundheitsförderung, 10(4), 314–319. Berlin: Springer*

Bätzing, J., Holstiege, J., Manas K. Akmatov & Steffen, A. (2018). Diagnoseprävalenz psychischer Störungen bei Kindern und Jugendlichen in Deutschland: eine Analyse bundesweiter vertragsärztlicher Abrechnungsdaten der Jahre 2009 bis 2017. Berlin: Zentralinstitut für Kassenärztliche Versorgung in Deutschland (Zi)

Brisch, K. H. (2002). Klassifikation und klinische Merkmale von Bindungsstörungen. Monatsschrift Kinderheilkunde, 150(2), 140–148. Berlin: Springer

Brisch, K. H. (2008). Bindung, Gewalt gegen Kinder und Prävention. Der Gynäkologe, 41(10), 833–838. Berlin: Springer

Bühren, K. (2011). Anorexia und Bulimia nervosa im Kindes- und Jugendalter. Monatsschrift Kinderheilkunde, 159(1), 67–80. Berlin: Springer

Bundesinstitut für Arzneimittel und Medizinprodukte. (2020). Systematisches Verzeichnis: Internationale statistische Klassifikation der Krankheiten und verwandter Gesundheitsprobleme : 10. Revision - German Modification (2020. Auflage). Köln: Deutscher Ärzteverlag

Bundesministerium für Gesundheit. (2017). Essstörungen - Was kann ich tun? Informationen für Lehrkräfte, pädagogische und psychosoziale Fachkräfte. https://www.bundesgesundheitsministerium.de/fileadmin/Dateien/5_Publikationen/Praevention/Flyer_Poster_etc/Flyer_Essstoerungen_Multiplikatoren_2018.pdf, zuletzt aktualisiert 12.2017, zuletzt aufgerufen am 15.11.2020

Bundeszentrale für gesundheitliche Aufklärung. (2020). Essstörungen. https://www.bzga-essstoerungen.de/?L=0, zuletzt aufgerufen am 15.11.2020

Caspar, F., Pjanic, I. & Westermann, S. (2018). *Klinische Psychologie. Basiswissen Psychologie Lehrbuch. Berlin: Springer*

Davison, G. C., Hautzinger, M. & Neale, J. M. (2016). Klinische Psychologie: Ein Lehrbuch ; mit Online-Materialien ((M. Baur, Übers.)) (8., neu ausgestattete Auflage). Weinheim: Beltz

Depa, J., Humme, S. & Klotter, C. (2015). Gesund, gesünder, Orthorexia nervosa: Modekrankheit oder Störungsbild? ; eine wissenschaftliche Diskussion. Berlin: Springer

Leitlinien zu Diagnostik und Therapie von psychischen Störungen im Säuglings-, Kindes- und Jugendalter: Mit 9 Tabellen (3. überarb. und erw. Aufl.). (2007). Köln: Dt. Ärzte-Verlag

Fischer, M. (2011). Frühkindlicher Autismus. Psychopraxis, 14(4), 17–19. Berlin: Springer

Hebebrand, J. (2004). Ticstörungen. Monatsschrift Kinderheilkunde, 152(12), 1313–1318. Berlin: Springer Medizin

Heinrichs, N. & Lohaus, A. (2011). Klinische Entwicklungspsychologie kompakt: Psychische Störungen im Kindes- und Jugendalter (1. Auflage). Anwendung Psychologie. Weinheim: Beltz.

Jacob, G. (2017). Psychische Störungen bei Kindern. https://www.leading-medicine-guide.de/erkrankungen/psyche/psychische-stoerungen-bei-kindern#topics, zuletzt aktualisiert am 09.03.2017, zuletzt geprüft am 15.11.2020.

Kandale, M. & Rugenstein, K. (2017). Das Repetitorium: Lehr- und Lernbuch für die schriftlichen Abschlussprüfungen zum Psychologischen Psychotherapeuten und zum Kinder- und Jugendlichenpsychotherapeuten (3., überarbeitete Auflage). Berlin: dpv Deutscher Psychologen Verlag

Kathrein, A. (Hg.). (2019). Überwindung der Essstörung als Weg ins Gleichgewicht: Ein Modell zu persönlichen Entwicklungsprozessen aus Anorexie und Bulimie. Berlin: Springer

KKH. (2020). MaiStep: Schulprojekt zur Vermeidung von Essstörungen. https://www.kkh.de/leistungen/praevention-vorsorge/gesundheitsfoerderung-setting/maistep, zuletzt aktualisiert am 01.01.2020, zuletzt geprüft am 15.11.2020.

Knoke, S. (2017). Entwicklung ausgewählter Funktionsbereiche menschlichen Verhaltens und Erlebns und spezifische Entwicklungsstörungen: Studienbrief Nr. 1341-01. Riedlingen: SRH Fernhochschule.

Koch, L. J., Prölß, A. & Schnell, T. (2019a). Psychische Störungsbilder (1. Auflage 2019). Berlin: Springer

Koch, L. J., Prölß, A. & Schnell, T. (2019b). Zwangsstörung. In L. J. Koch, A. Prölß & T. Schnell (Hg.), Psychische Störungsbilder (1. Auflage, S. 53–61). Berlin: Springer

Kries, R. von, Schlack, H. & Thyen, U. (2009). Sozialpädiatrie: Gesundheitswissenschaft und pädiatrischer Alltag. Berlin: Springer

Lempp, R., Tölle, R. & Windgassen, K. (2009). Psychiatrie: Einschließlich Psychotherapie (15. Auflage). Springer-Lehrbuch. Berlin: Springer Medizin

Lohaus, A. & Vierhaus, M. (2015). Entwicklungspsychologie des Kindes- und Jugendalters für Bachelor (3. Auflage). Berlin: Springer

Margraf, J. & Schneider, S. (Hg.). (2009). Lehrbuch der Verhaltenstherapie: / Silvia Schneider; Jürgen Margraf (Hrsg.) ; Band 3. Störungen im Kindes- und Jugendalter. Berlin: Springer

Margraf, J. & Schneider, S. (Hg.). (2019). Lehrbuch der Verhaltenstherapie: / Silvia Schneider, Jürgen Margraf (Hrsg.) ; Band 3. Psychologische Therapie bei Indikationen im Kindes- und Jugendalter (2. Auflage). Berlin: Springer

Pauli, D. (2019). Körperkult, Schönheitsdruck, Schlankheitswahn. Der Gynäkologe, 52(3), 237–244. München: Beck Verlag

Philipsen, A. & Voderholzer, U. (2020). Update Aufmerksamkeitsdefizit-/Hyperaktivitätsstörung. Der Nervenarzt, 91(7), 573–574. Berlin: Springer

Pro Psychotherapie e.V. (2020). Kinder und Jugendliche: Entwicklungsstörungen und Verhaltensstörungen | therapie.de. https://www.therapie.de/psyche/info/index/diagnose/kinder-und-jugendliche/formen-haeufigkeiten-verlauf/, zuletzt aktualisiert am 01.09.2020, zuletzt geprüft am 15.11.2020.

Rank, S. M. (2020). *Psychische Auffälligkeiten im Säuglings- und Kleinkindalter: Praxis-Manual für pädagogische Berufsgruppen (1. Auflage 2020). Wiesbaden: Springer Fachmedien*

Reichert, J. (2015). Prävention von Essstörungen: Soziale Arbeit im Bereich psychischer Erkrankungen (urn:nbn:de:gbv:519-thesis2015-0224-1) [Bachelorarbeit]. University of Applied Sciences, Neubrandenburg. https://digibib.hs-nb.de/file/dbhsnb_derivate_0000001904/Bachelorarbeit-Reichert-2015.pdf, zuletzt aktualisiert am 25.06.2015, zuletzt geprüft am 15.11.2020.

Sendera, A. & Sendera, M. (Hg.). (2011a). Kinder und Jugendliche im Gefühls-
chaos: Grundlagen und praktische Anleitungen für den Umgang mit psychischen Auffälligkeiten und Erkrankungen. Berlin: Springer.

Sendera, A. & Sendera, M. (2011b). Reaktive Bindungsstörung des Kindesalters. In A. Sendera & M. Sendera (Hg.), Kinder und Jugendliche im Gefühls-
chaos: Grundlagen und praktische Anleitungen für den Umgang mit psychischen Auffälligkeiten und Erkrankungen (S. 143–144). Berlin: Springer.

Stier, B., Weissenrieder, N. & Schwab, K. O. (Hg.). (2018). Jugendmedizin (2.
Auflage 2018). Berlin: Springer

Thiel-Bonney, C. (2009). Frühkindliche Regulationsstörungen. Monatsschrift
Kinderheilkunde, 157(6), 580–586. Berlin: Springer

Wurmser, H. (2009). Schrei-, Schlaf- und Fütterstörung. Monatsschrift Kinderheilkunde, 157(6). Berlin: Springer